Impressum
Verlag: BABADADA GmbH, Nedderfeld 112 , 22529 Hamburg
Geschäftsführer / Verlagsleitung: Harald Hof
Druck: Books on Demand GmbH, In de Tarpen 42, 22848 Norderstedt

Imprint
Publisher: BABADADA GmbH, Nedderfeld 112 , 22529 Hamburg, Germany
Managing Director / Publishing direction: Harald Hof
Print: Books on Demand GmbH, In de Tarpen 42, 22848 Norderstedt

d Schuel

學校

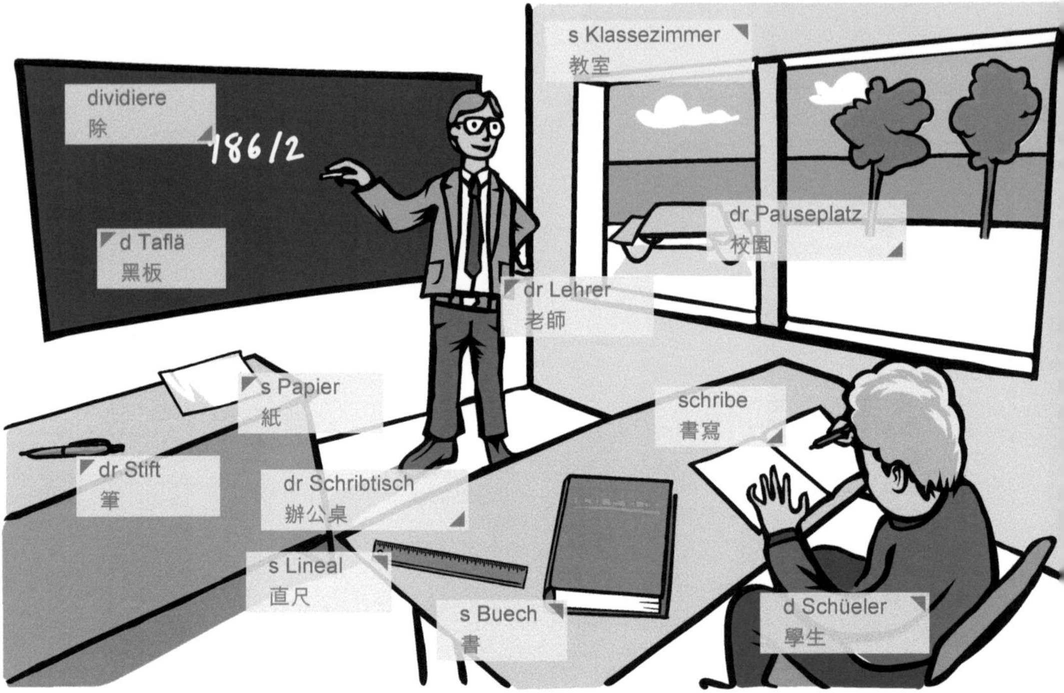
s Klassezimmer
教室
dividiere
除
186/2
d Taflä
黑板
dr Pauseplatz
校園
dr Lehrer
老師
s Papier
紙
schribe
書寫
dr Stift
筆
dr Schribtisch
辦公桌
s Lineal
直尺
s Buech
書
d Schüeler
學生

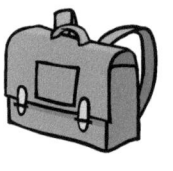

dr Thek

書包

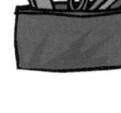

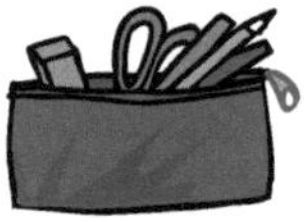

s Etui

鉛筆盒

dr Bleistift

鉛筆

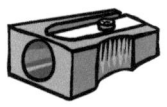

dr Spitzer

削鉛筆機

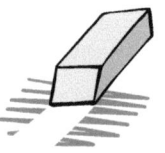

s Radiergummi

橡皮擦

dr Zeicheblock

畫板

d Zeichnig

圖畫

dr Pinsel

畫筆

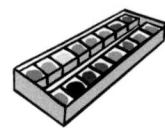

dr Malchaschte

顏料盒

d Schär

剪刀

dr Liim

膠水

s Üebigsheft

練習冊

d Huusufgabe

家庭作業

d Zahl

數字

addiere

加

subtrahiere

減

multipliziere

乘

rächne

計算

dr Buechstabe

字母

s Alphabet

字母表

s Wort

字

dr Text

課文

läse

讀

d Kriide

粉筆

d Lektion

上課

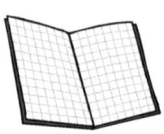

s Klassäbuech

登記

d Prüefig

考試

s Zügnis

證書

d Schueluniform

校服

d Usbildig

教育

d Enzyklopädie

百科全書

d Universität

大學

s Mikroskop

顯微鏡

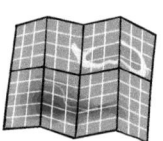

d Charte

地圖

dr Papierchorb

廢紙簍

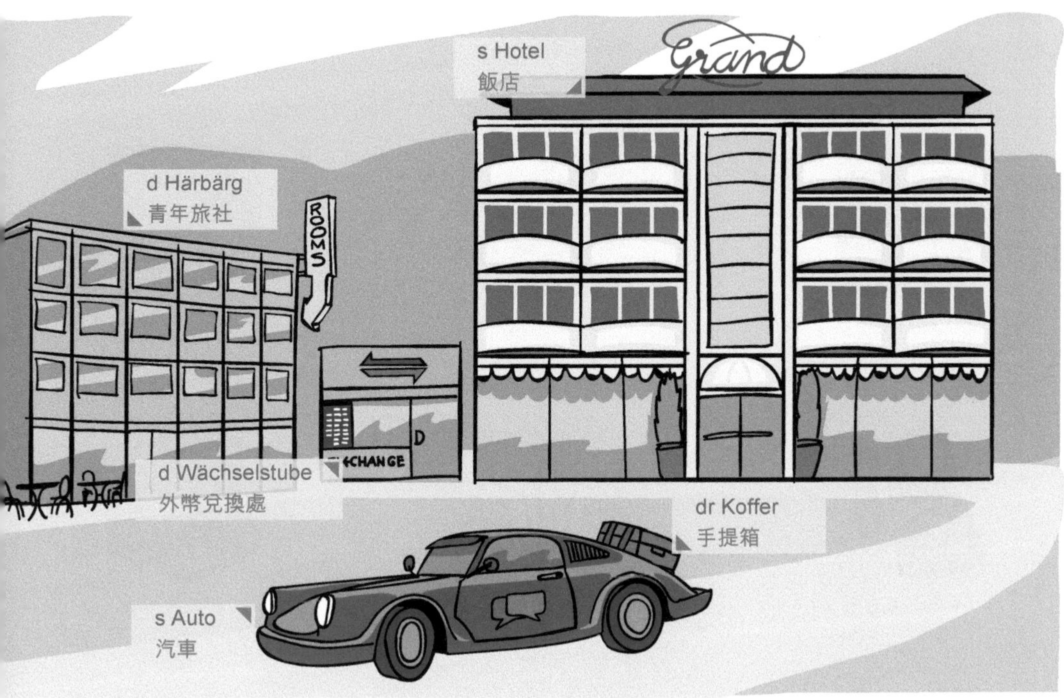

s Hotel
飯店
Grand
d Härbärg
青年旅社
ROOMS
d Wächselstube
外幣兌換處
EXCHANGE
dr Koffer
手提箱
s Auto
汽車

d Sprach
語言

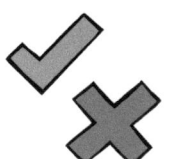

jo / nei
是/否

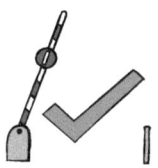

okay
好的

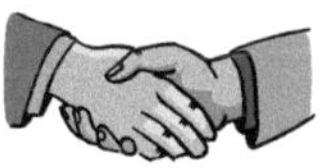

Hallo
您好

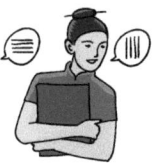

dr Dolmetscher
翻譯人員

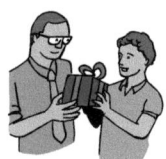

Dankä
謝謝

Was chostet...?

......多少錢？

Ich vrstahs nöd

我不明白

s Problem

問題

Guete Abig!

晚上好！

guete Morgä!

早上好！

guete Abig!

晚安！

Uf Wiederseh

再見

d Richtig

方向

s Bagaasch

行李

d Täsche

包

dr Rucksack

背包

dr Gast

客人

dr Ruum

房間

dr Schlafsack

睡袋

s Zält

帳篷

d Touristeninformation

旅行資訊

dr Strand

海灘

d Kreditkarte

信用卡

s Zmorge

早餐

s Zmittag

午餐

s Znacht

晚餐

s Billet

票

dr Ufzug

電梯

d Briefmarke

郵票

d Gränze

邊界

dr Zoll

海關

d Botschaft

大使館

s Visum

簽證

dr Pass

護照

dr Transport
交通運送

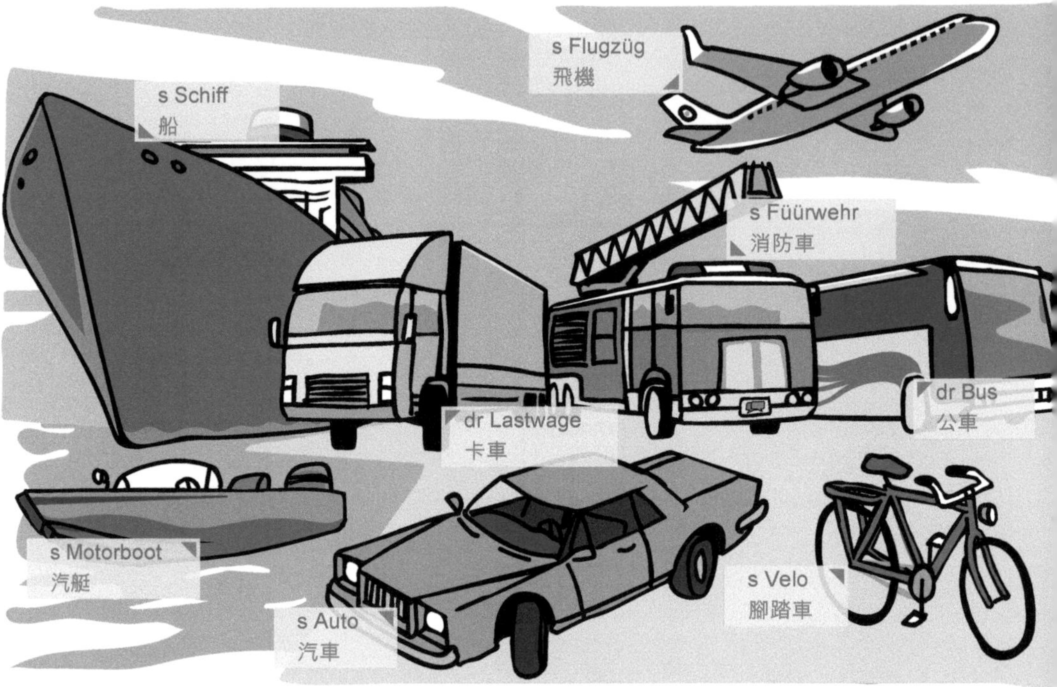
s Flugzüg
飛機
s Schiff
船
s Füürwehr
消防車
dr Bus
公車
dr Lastwage
卡車
s Motorboot
汽艇
s Velo
腳踏車
s Auto
汽車

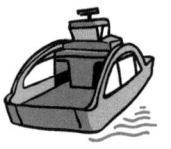

d Fähri

渡輪

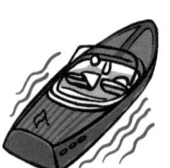

s Boot

小船

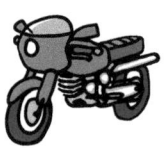

s Töff

機車

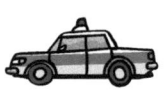

s Polizeiauto

警車

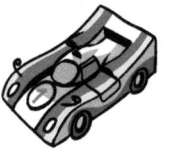

s Rännauto

賽車

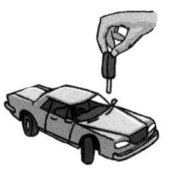

dr Mietwage

租車

s Carsharing

拼車

dr Abschleppwage

拖車

dr Chübelwage

垃圾車

dr Motor

馬達

s Benzin

汽油

d Tankstell

加油站

s Verkehrsschild

交通標識

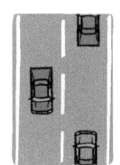

dr Verchehr

交通

dr Stau

交通堵塞

dr Parkplatz

停車場

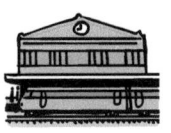

dr Bahnhof

火車站

d Schiene

軌道

dr Zug

火車

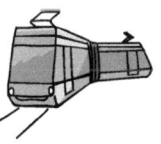

d Strassebahn

路面電車

dr Wagon

客車廂

dr Helikopter

直升機

dr Flughafe

機場

dr Tower

塔

dr Passagier

乘客

dr Container

集裝箱

dr Karton

紙板箱

dr Chare

手推車

dr Korb

籃子

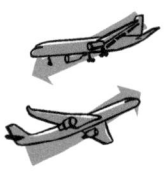

starte / lande

起飛/降落

d Stadt
城市

s Dorf

村莊

s Stadtzentrum

市中心

s Huus

房子

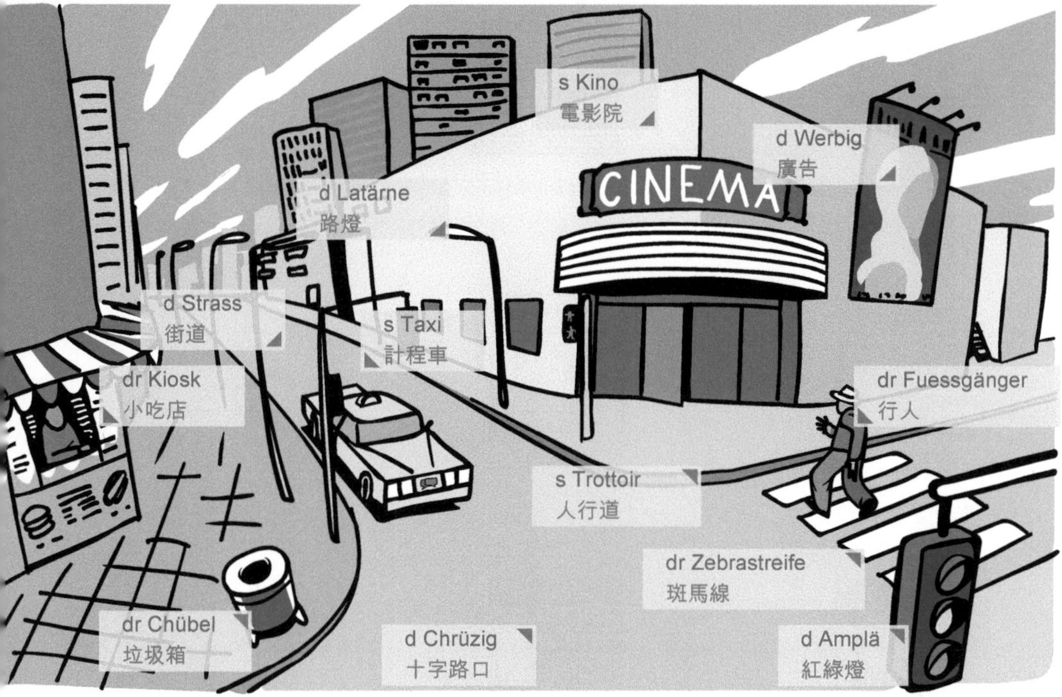
s Kino
電影院
d Werbig
廣告
CINEMA
d Latärne
路燈
d Strass
街道
s Taxi
計程車
dr Kiosk
小吃店
dr Fuessgänger
行人
s Trottoir
人行道
dr Zebrastreife
斑馬線
dr Chübel
垃圾箱
d Chrüzig
十字路口
d Amplä
紅綠燈

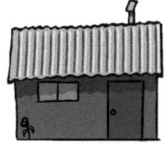

d Hütte

小屋

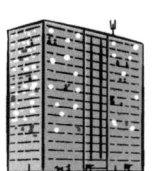

d Wohnig

公寓

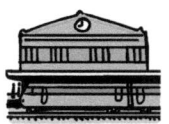

dr Bahnhof

火車站

s Gmeindshuus

市政廳

MUSEUM

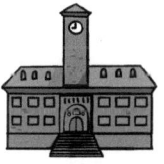

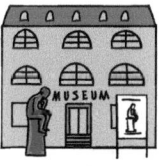

s Museum

博物館

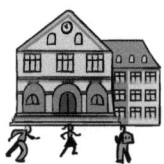

d Schuel

學校

d Universität

大學

d Bank

銀行

s Spital

醫院

s Hotel

飯店

d Apotheke

藥房

s Büro

辦公室

s Buechgschäft

書店

s Gschäft

商店

dr Bluemelade

花店

dr Läbensmittellade

超市

dr Märt

市場

s Chaufhuus

百貨商店

dr Fischhändler

魚店

s Iihkaufszentrum

購物中心

dr Hafe

海港

dr Park

公園

d Bank

長凳

d Brugg

橋

d Stäge

樓梯

d U-Bahn

捷運

dr Tunnell

隧道

d Bushaltestell

公車站

d Bar

酒吧

s Restaurant

餐館

dr Briefchastä

郵筒

s Strasseschild

路標

d Parkuhr

停車計時器

dr Zolli

動物園

d Badi

游泳池

d Moschee

清真寺

dr Buurehof

農場

d Umwältvrschmutzig

污染

dr Fridhof

墓地

d Chile

教堂

dr Spielplatz

操場

dr Tämpel

寺廟

d Landschaft

地形

s Blatt
樹葉

dr Wägwiiser
指示牌

dr Wäg
路

d Wise
草地

dr Stei
石頭

dr Baum
樹

dr Wanderer
徒步旅行者

dr Fluss
河

s Gras
草

d Bluamä
花

s Tal

峽谷

dr Bärg

丘陵

dr See

湖

dr Wald

森林

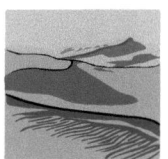

d Wüeschti

沙漠

dr Vulkan

火山

s Schloss

城堡

dr Rägeboge

彩虹

dr Pilz

蘑菇

d Palme

棕櫚樹

dr Moskito

蚊子

d Fliege

蒼蠅

d Ameise

螞蟻

s Biendli

蜜蜂

d Spinne

蜘蛛

d Landschaft - 地形

dr Chäfer

甲蟲

dr Frosch

青蛙

s Eichhörnli

松鼠

dr Igel

刺蝟

dr Haas

野兔

d Üle

貓頭鷹

d Vogu

鳥

dr Schwan

天鵝

s Wildschwein

野豬

dr Hirsch

鹿

dr Elch

麋鹿

dr Damm

水壩

d Windturbine

風力發電機

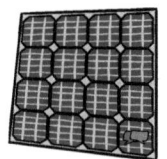

dr Sunnekollektor

太陽能電池板

s Klima

氣候

s Restaurant
餐館

dr Chällner
服務生
d Spiischartä
菜譜
dr Stuehl
椅子
d Suppä
湯
d Pizza
披薩餅
s Bsteck
餐具
d Tischdecki
桌布

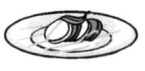

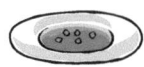

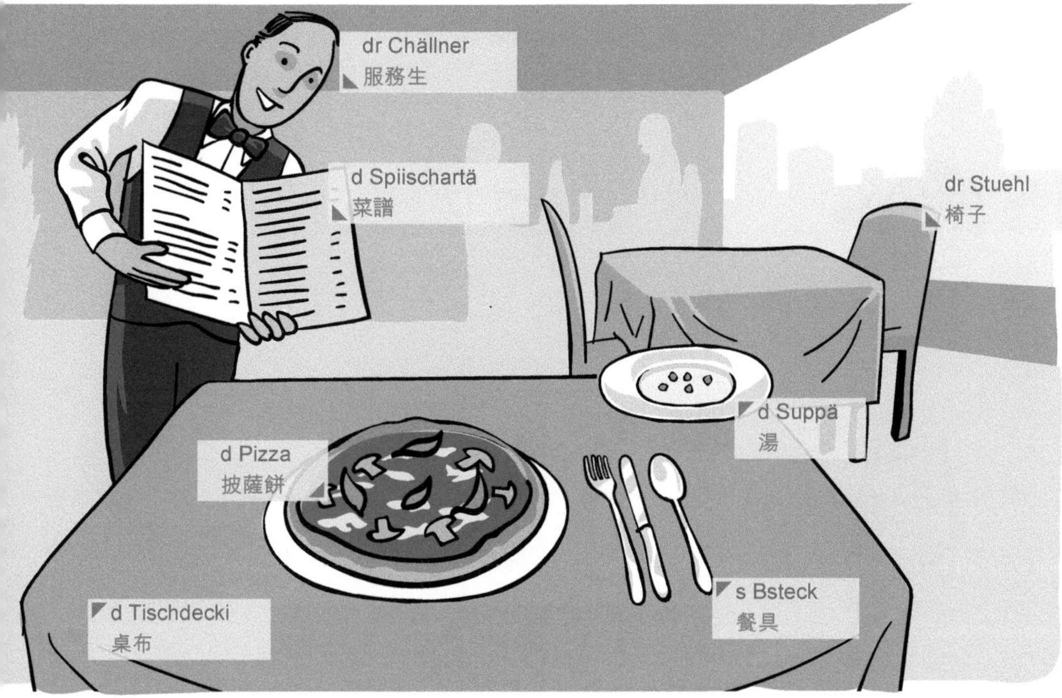

d Vorspiies
前菜

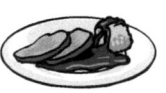

s Hauptgricht
主菜

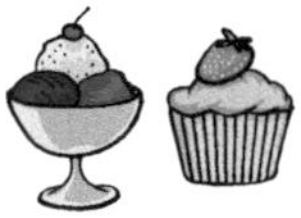

s Dessert
甜點

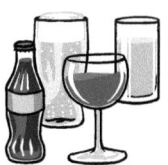

s Getränk
飲料

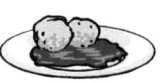

d Läbensmittel
食物

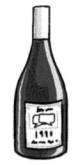

d Fläsche
瓶子

s Fast Food

速食

s Street Food

街邊小吃

d Teechanne

茶壺

d Zuckerdosä

糖盒

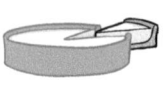

d Portion

一份飯菜

d Espressomaschine

義式咖啡機

dr Hochstuehl

高腳椅

d Rächnig

帳單

s Tablett

托盤

s Mässer

刀

d Gable

餐叉

dr Löffel

勺子

dr Teelöffel

茶匙

d Serviette

餐巾

s Glas

玻璃杯

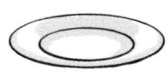

dr Täller

碟子

dr Suppetällär

湯盤

d Untertasse

碟子

d Sose

醬

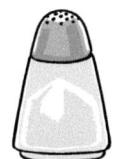

dr Salzstreuer

鹽瓶

d Pfäffermühli

胡椒研磨罐

dr Essig

醋

s Öl

食用油

d Gwürz

調味料

ds Ketchup

番茄醬

dr Sänf

芥末

d Mayonnaise

美乃滋

dr Läbensmittellade

超市

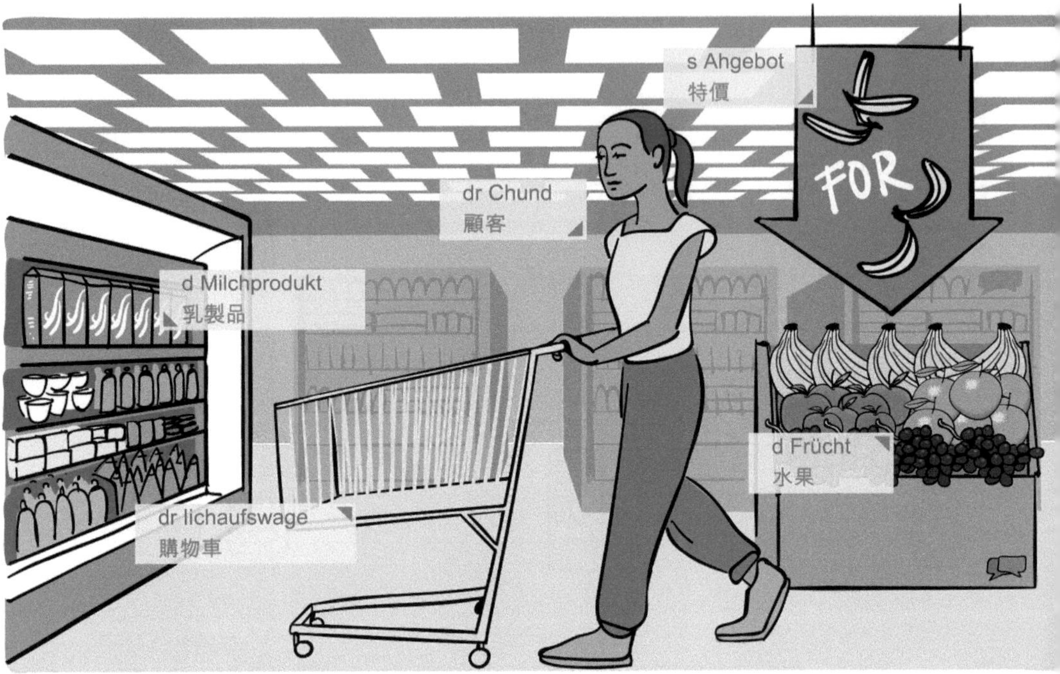

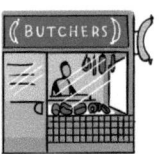

s Ahgebot
特價
FOR
dr Chund
顧客
d Milchprodukt
乳製品
d Frücht
水果
dr Iichaufswage
購物車

BUTCHERS

dr Schlachter

肉鋪

BAKERY

dr Beck

麵包店

wiege

稱重

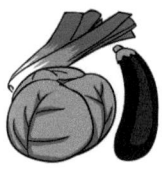

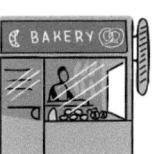

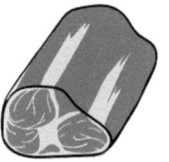

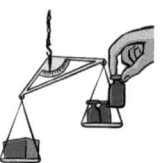

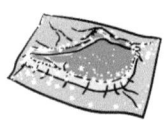

s Gmües

蔬菜

s Fleisch

肉

d Tiefkühlprodukt

冷凍食品

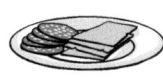

dr Ufschnitt

冷盤

d Konsärve

罐頭食品

s Wöschmittel

洗衣粉

d Süessigkeite

甜食

d Huushaltartikel

日用品

s Putzmittel

清潔用品

d Verchäuferin

銷售員

d Kassä

收銀機

dr Kassierer

收銀員

d Ihchaufsliste

購物清單

d Öffnigszite

開放時間

s Portemonnaie

錢包

d Kreditkarte

信用卡

d Täsche

袋子

dr Plastiksack

塑膠袋

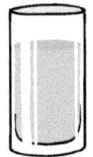

s Wasser

水

dr Saft

果汁

d Milch

牛奶

d Cola

可樂

dr Wii

紅酒

s Bier

啤酒

dr Alkohol

酒

s Ovi

可可

dr Tee

茶

dr Kafi

咖啡

dr Espresso

義式濃縮咖啡

dr Cappuccino

卡布奇諾

d Banane

香蕉

dr Öpfel

蘋果

d Orange

柳丁

d Melone

西瓜

d Zitrone

檸檬

s Rüebli

胡蘿蔔

dr chnoobli

大蒜

dr Bambus

竹子

d Zwiblä

洋蔥

dr Pilz

蘑菇

d Nüss

堅果

d Nudle

麵條

d Spaghetti

義大利麵

dr Riis

米飯

dr Salat

沙拉

d Pommfrit

薯條

d Bratherdöpfel

炸馬鈴薯

d Pizza

披薩餅

dr Hamburgär

漢堡

s Sandwich

三明治

s Gotlett

炸豬排

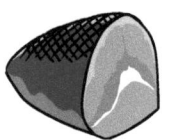

dr Schinkä

火腿

d Salami

義大利臘腸

s Würschtli

香腸

s Huehn

雞肉

dr Bratä

烤肉

dr Fisch

魚

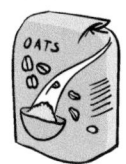

d Haferflocke

燕麥片

s Müesli

木斯里

d Cornflakes

玉米片

s Mähl

麵粉

s Gipfeli

牛角麵包

s Brötli

麵包捲

s Brot

麵包

dr Toscht

吐司

s Guetzli

餅乾

d Butter

奶油

dr Quark

凝乳

dr Chueche

蛋糕

s Ei

蛋

s Spiegelei

煎蛋

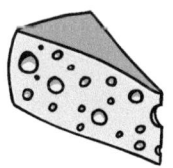

dr Chäs

起司

d Glace

冰淇淋

dr Zucker

糖

dr Honig

蜂蜜

d Gonfi

果醬

d Nougat-Creme

巧克力醬

s Curry

咖哩

dr Buurehof
農場

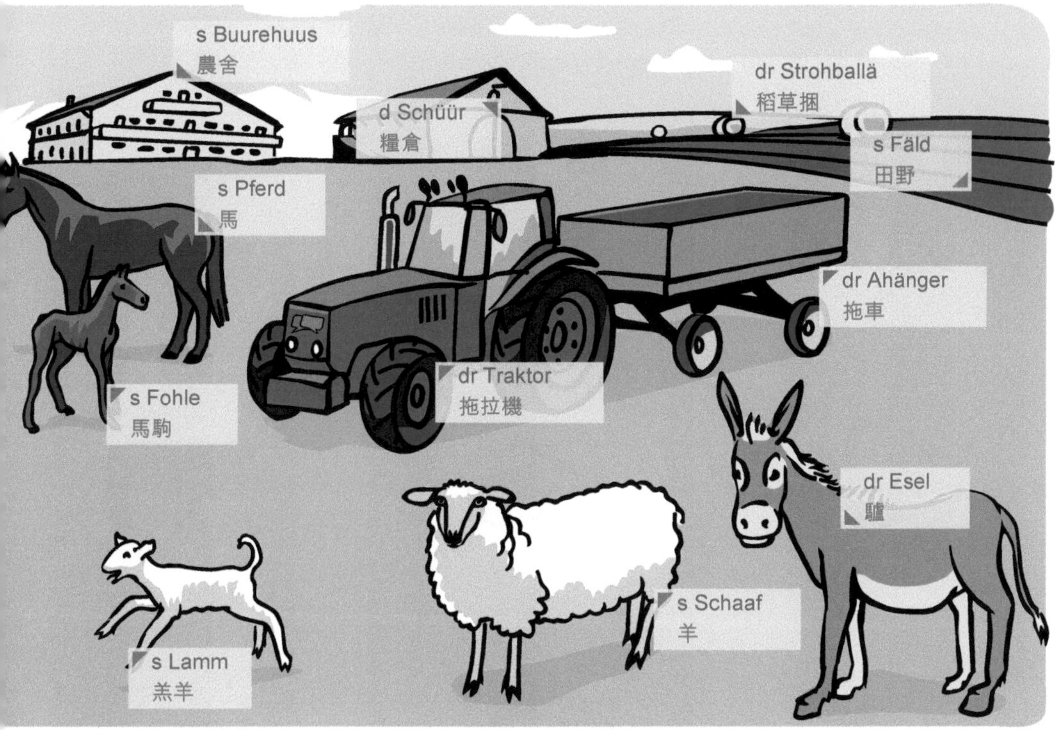
s Buurehuus
農舍
d Schüür
糧倉
dr Strohballä
稻草捆
s Fäld
田野
s Pferd
馬
dr Ahänger
拖車
dr Traktor
拖拉機
s Fohle
馬駒
dr Esel
驢
s Schaaf
羊
s Lamm
羔羊

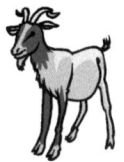

d Geiss

山羊

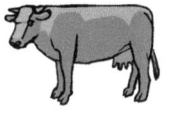

d Chueh

奶牛

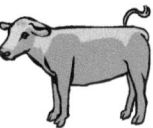

s Chalb

小牛

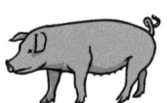

d Sau

豬

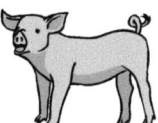

s Ferkel

小豬

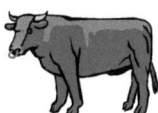

s Rind

公牛

d Gans

鵝

d Änte

鴨

s Küke

小雞

s Huähn

母雞

dr Güggel

公雞

d Ratte

鼠

d Chatz

貓

d Muus

老鼠

dr Ochse

牛

dr Hund

狗

d Hundehütte

狗屋

dr Garteschluuch

花園澆水軟管

d Giesschanne

澆水壺

d Sägese

長柄大鐮刀

dr Pflueg

犁

d Sichel

鐮刀

d Hacke

鋤頭

d Heugable

長柄草耙

d Axt

斧頭

d Garette

獨輪手推車

dr Trog

飼料槽

d Milchchanne

牛奶罐

dr Sack

麻布袋

dr Haag

柵欄

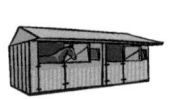

dr Gadä

馬廄

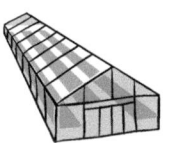

s Gwächshuus

溫室

dr Bode

土壤

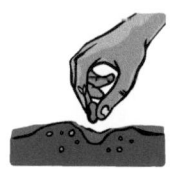

dr Soome

種子

dr Dünger

肥料

dr Mähdrescher

聯合收割機

ärnte

收割

d Ärnte

收割

d Yamswurzle

地瓜

dr Weize

小麥

s Soja

大豆

dr Härdöpfel

土豆

dr Mais

玉米

dr Raps

油菜籽

dr Obstbaum

果樹

dr Maniok

樹薯

s Getreide

穀物

s Huus
房子

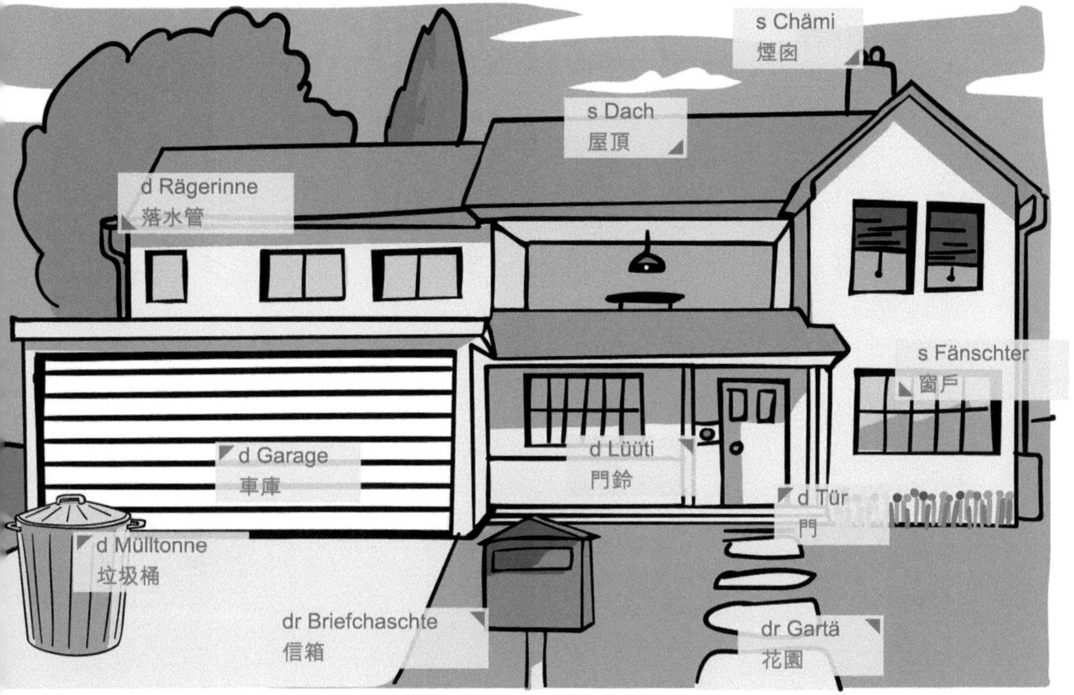

s Chämi
煙囱
s Dach
屋頂
d Rägerinne
落水管
s Fänschter
窗戶
d Garage
車庫
d Lüüti
門鈴
d Tür
門
d Mülltonne
垃圾桶
dr Briefchaschte
信箱
dr Gartä
花園

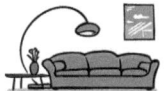

s Stubä

客廳

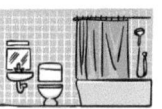

s Badzimmer

浴室

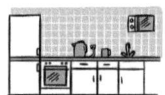

d Chuchi

廚房

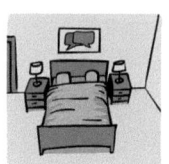

s Schlofzimmer

臥室

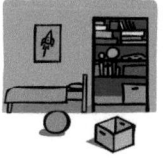

s Chinderzimmer

兒童房

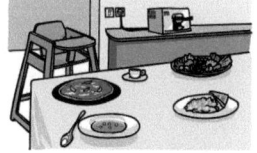

s Ässzimmer

餐廳

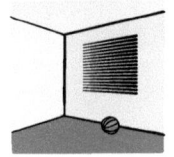

dr Bodä

地板

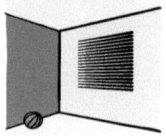

d Wand

牆壁

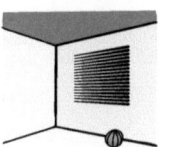

d Decki

天花板

dr Chäller

地窖

d Sauna

三溫暖

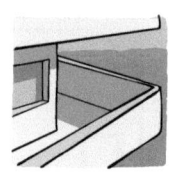

dr Balkon

陽臺

d Terasse

露臺

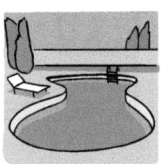

s Pool

游泳池

dr Rasemäier

割草機

dr Bettbezug

被單

d Bettdecki

床罩

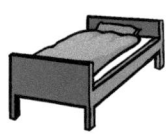

s Bett

床

dr Bäse

掃帚

dr Chübel

水桶

dr Schalter

開關

s Stubä

客廳

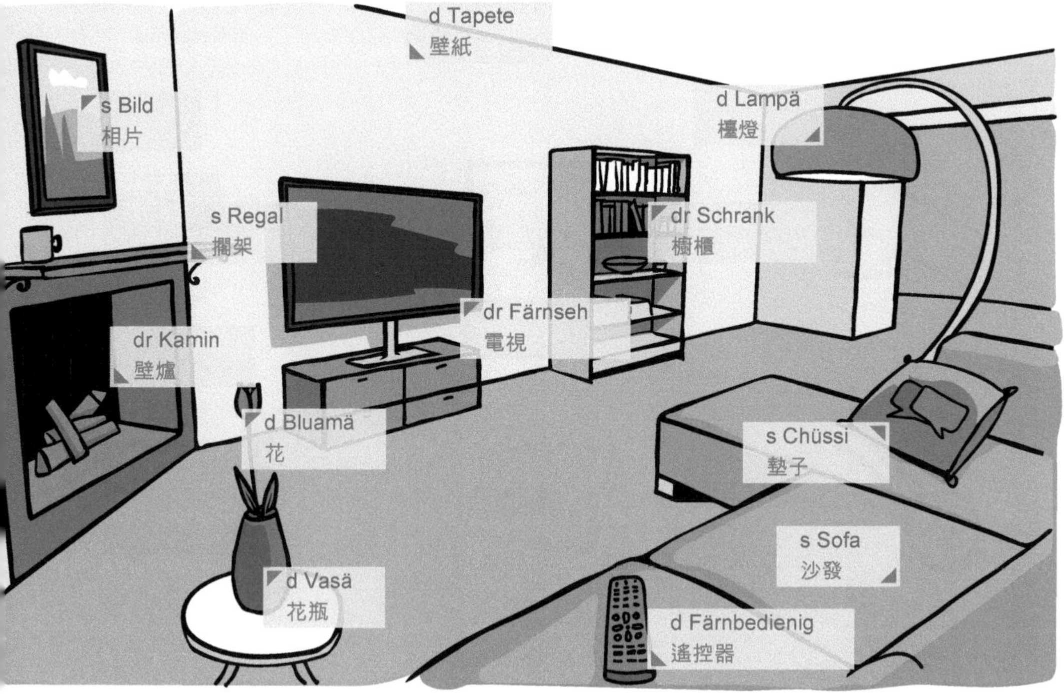
d Tapete
壁紙
s Bild
相片
d Lampä
檯燈
s Regal
擱架
dr Schrank
櫥櫃
dr Färnseh
電視
dr Kamin
壁爐
d Bluamä
花
s Chüssi
墊子
s Sofa
沙發
d Vasä
花瓶
d Färnbedienig
遙控器

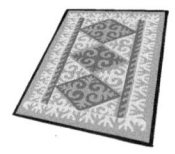

dr Teppich

地毯

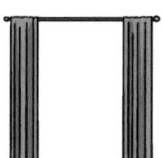

dr Vorhang

窗簾

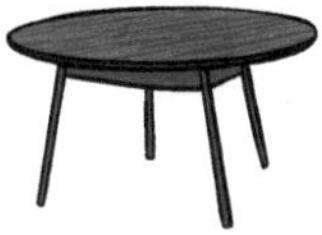

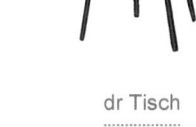

dr Tisch

餐桌

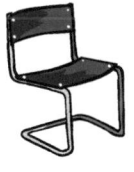

dr Stuehl

椅子

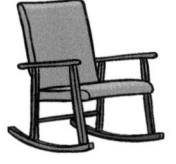

dr Schaukelstuehl

搖椅

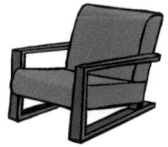

dr Sässel

扶手椅

s Buech

書

d Decki

毯子

d Dekoration

裝飾品

s Füürholz

木柴

dr Film

電影

d Stereoahlag

高傳真音響

dr Schlüssel

鑰匙

d Ziitig

報紙

s Bild

油畫

s Poster

海報

s Radio

收音機

dr Notizblock

筆記本

dr Staubsuuger

吸塵器

dr Kaktus

仙人掌

d Chärze

蠟燭

d Chuchi
廚房

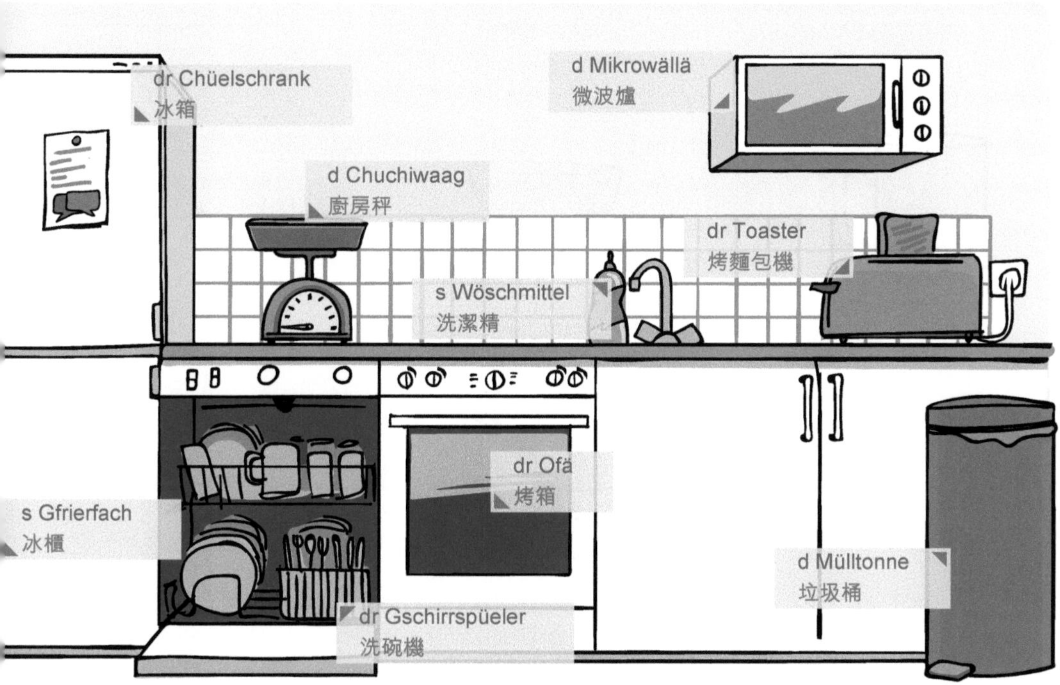
dr Chüelschrank
冰箱
d Mikrowällä
微波爐
d Chuchiwaag
廚房秤
dr Toaster
烤麵包機
s Wöschmittel
洗潔精
dr Ofä
烤箱
s Gfrierfach
冰櫃
d Mülltonne
垃圾桶
dr Gschirrspüeler
洗碗機

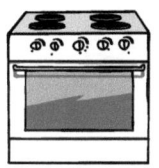

dr Härd
炊具

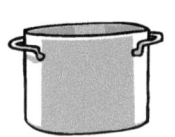

dr Topf
鍋

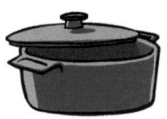

dr Iisetopf
鑄鐵鍋

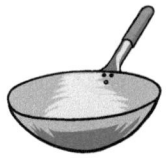

dr Wok / Kadai
炒鍋

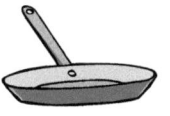

d Pfanne
平底鍋

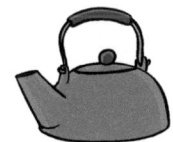

dr Wasserchocher
水壺

dr Dampfer
蒸鍋

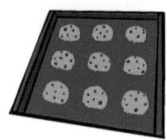
s Bachbläch
烤盤

s Gschirr
陶瓷鍋

dr Bächer
馬克杯

d Schale
碗

d Stäbli
筷子

d Suppechellä
長柄勺

dr Pfannewänder
鏟子

dr Schneebäse
攪拌器

s Sieb
濾網

s Sieb
篩子

d Raffle
磨碎機

dr Mörser
研缽

dr Grill
燒烤

d Füürstell
明火

s Schniidbrätt

菜板

s Nudelholz

擀麵杖

dr Korkäzieher

開瓶器

d Dosä

罐子

dr Dosäöffner

開罐器

dr Topflappä

隔熱手套

s Wöschbecki

水槽

d Bürste

刷子

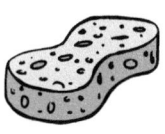

dr Schwumm

海綿

dr Mixer

攪拌機

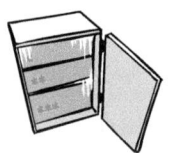

dr Gfrierschrank

冷藏箱

s Babyfläschli

奶瓶

dr Hahnä

水龍頭

s Badzimmer

浴室

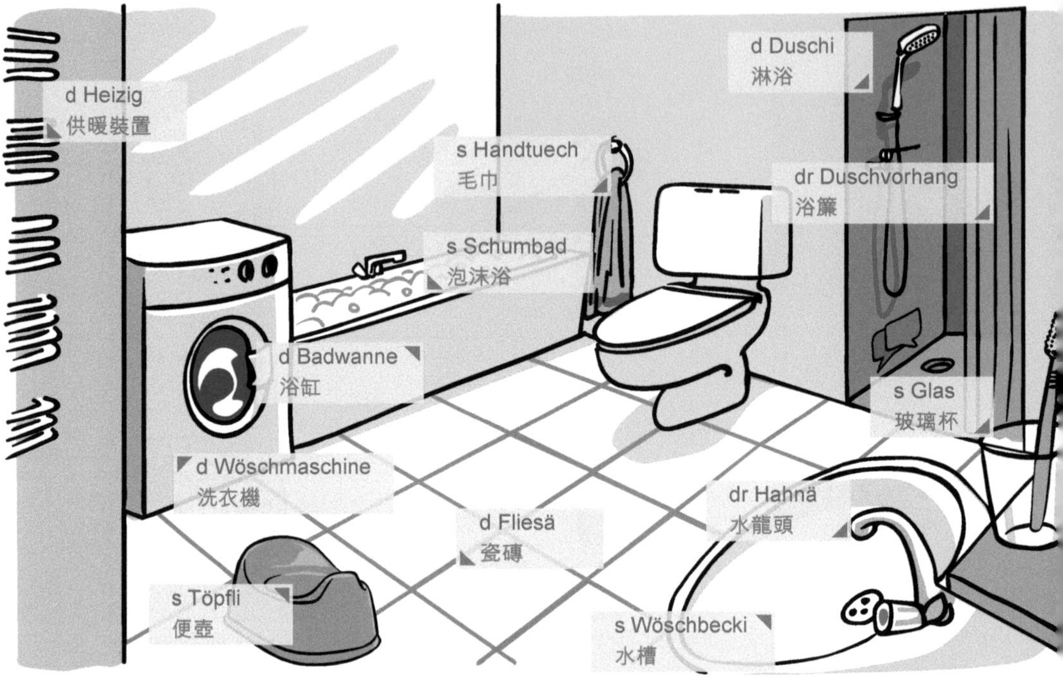

d Heizig
供暖裝置
s Handtuech
毛巾
d Duschi
淋浴
dr Duschvorhang
浴簾
s Schumbad
泡沫浴
d Badwanne
浴缸
s Glas
玻璃杯
d Wöschmaschine
洗衣機
dr Hahnä
水龍頭
d Fliesä
瓷磚
s Töpfli
便壺
s Wöschbecki
水槽

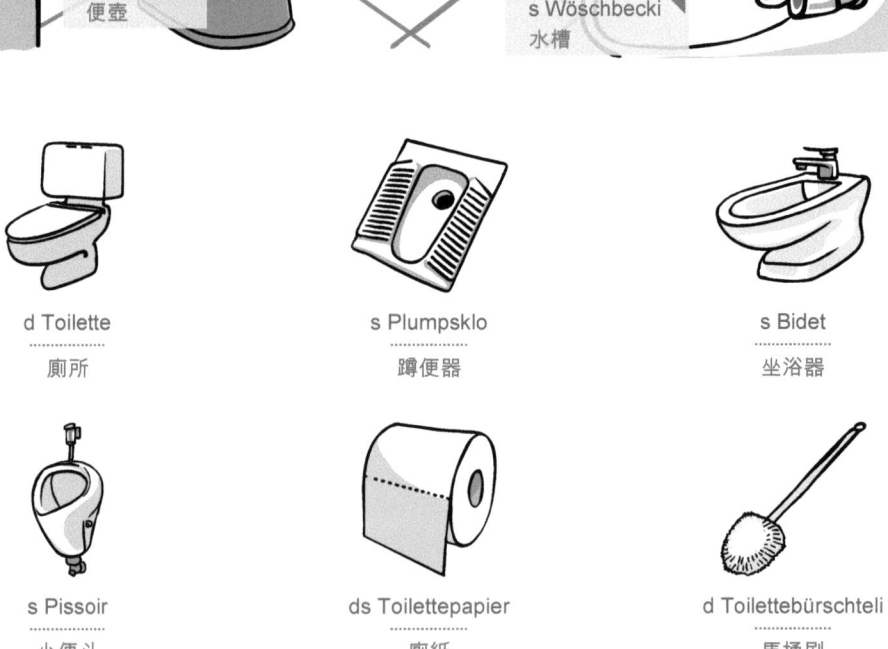

d Toilette
廁所

s Plumpsklo
蹲便器

s Bidet
坐浴器

s Pissoir
小便斗

ds Toilettepapier
廁紙

d Toilettebürschteli
馬桶刷

d Zahbürstä

牙刷

d Zahpasta

牙膏

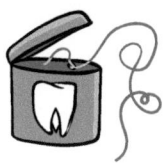

d Zahnsiide

牙線

wäsche

洗

d Handduschi

手持式蓮蓬頭

d Intiimduschi

沖洗器

s Wöschbecki

洗臉盆

d Ruggäbürste

洗背刷

d Seifä

肥皂

s Duschgel

沐浴露

s Shampoo

洗髮乳

dr Waschlappä

法蘭絨

dr Abfluss

排水

d Creme

乳霜

s Deo

除臭劑

dr Spiegel

鏡子

dr Handspiegel

手鏡

dr Rasierer

刮鬍刀

dr Rasierschuum

刮鬍泡沫

s Aftershave

鬚後水

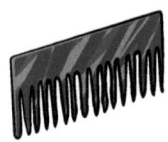
dr Schträäl

梳子

d Bürstä

刷子

dr Föhn

吹風機

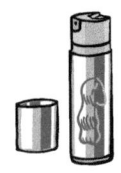
s Hoorspray

噴髮定型劑

s Makeup

化妝品

dr Lippestift

唇膏

dr Nagellack

指甲油

d Wattä

化妝棉

d Nagelscher

指甲剪

s Parfum

香水

s Necessaire

洗漱包

dr Schemel

凳子

d Waag

計重秤

dr Badmantel

浴袍

dr Gummihändscheh

橡膠手套

s Tampon

衛生棉條

d Damebinde

衛生棉

d chemischi Toilette

化學廁所

s Chinderzimmer
兒童房

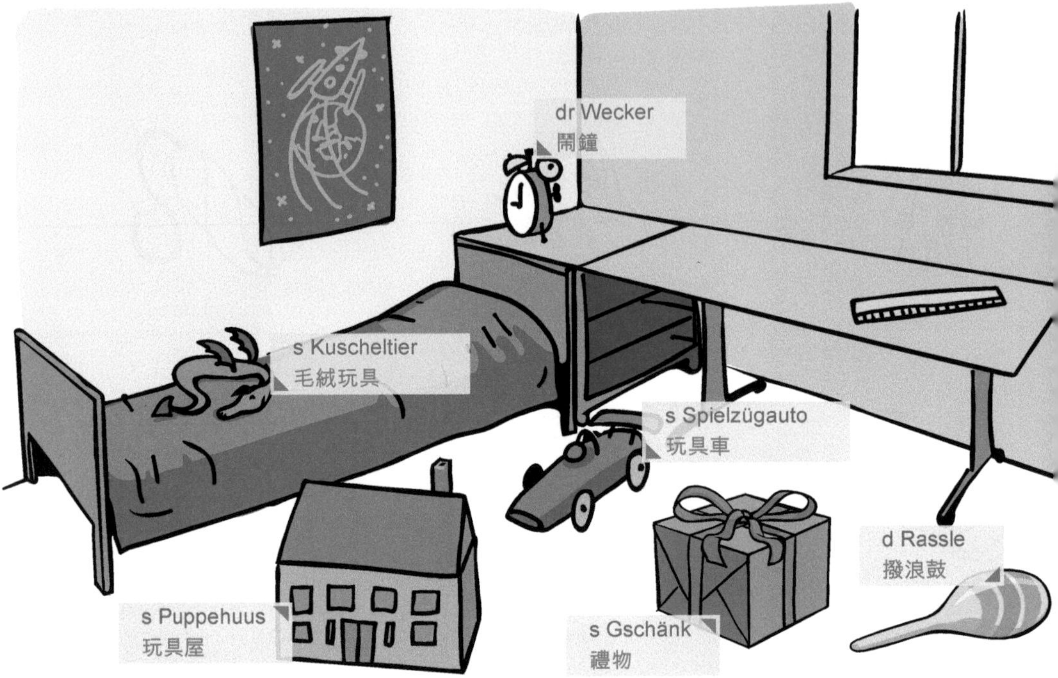

dr Wecker
鬧鐘
s Kuscheltier
毛絨玩具
s Spielzügauto
玩具車
d Rassle
撥浪鼓
s Puppehuus
玩具屋
s Gschänk
禮物

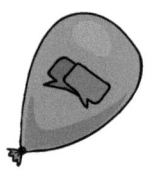

dr Ballon

氣球

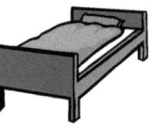

s Bett

床

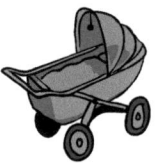

dr Chinderwage

嬰兒車

s Chartespiel

撲克牌

s Puzzle

拼圖

SUPER
MEGA

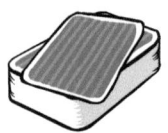

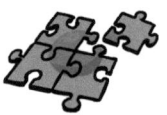

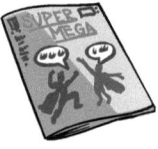

dr Comic

漫畫

d Legos
樂高積木

d Baustei
積木玩具

d Action Figur
公仔

s Strampli
嬰兒服

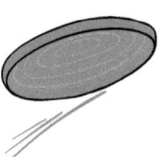

s Frisbee
飛盤

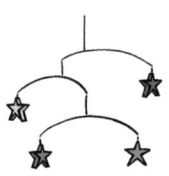

s Mobile
床鈴玩具

s Brättspiel
棋盤遊戲

dr Würfäl
骰子

d Modellisebahn
火車模型

dr Nuggi
安撫奶嘴

d Party
派對

s Bilderbuch
繪本

dr Ball
球

d Puppä
洋娃娃

spiele
玩

dr Sandchaschte

沙坑

d Gigampfi

鞦韆

s Spielzüg

玩具

d Videospielkonsole

電玩遊戲

s Dreirad

三輪車

dr Teddy

泰迪熊

dr Chleiderschrank

衣櫃

d Chleidig

衣服

d Sockä

襪子

d Strümpf

長襪

d Strumpfhosä

緊身褲

dr Schal
圍巾

dr Rägeschirm
雨傘

s T-Shirt
T恤

dr Gürtel
皮帶

dr Stiefel
靴子

d Badschlappe
拖鞋

d Turnschueh
運動鞋

d Sandalä
涼鞋

d Schueh
鞋

d Gummistiefel
雨靴

d Untrhosä
內褲

dr BH
胸罩

s Underlibli
背心

d Chleidig - 衣服

45

dr Body

身體

d Hosä

褲子

d Jeans

牛仔褲

dr Rock

短裙

d Bluse

女式襯衫

s Hömli

襯衫

dr Pulli

套頭衫

dr Kapuzepulli

連帽上衣

dr Blazer

西裝夾克

d Jacke

夾克

dr Mantel

外套

dr Rägämantel

雨衣

s Chostüm

套裝

s Chleid

連衣裙

s Hochziitskleid

婚紗

dr Ahzug

西裝

s Nachthömli

睡袍

s Pyjama

睡衣

dr Sari

莎麗

s Chopftuäch

頭巾

dr Turban

包頭巾

d Burka

波卡

dr Kaftan

卡夫坦

d Abaya

(阿拉伯式)長袍

s Badchleid

泳衣

d Badhose

男式泳褲

d churzi Hosä

短褲

dr Trainer

運動服

d Schürze

圍裙

d Händsche

手套

dr Chnopf

鈕扣

d Brüllä

眼鏡

s Armband

手鏈

d Chetti

項鍊

dr Ring

戒指

dr Ohrering

耳環

d Chappe

便帽

dr Chleiderbügel

衣架

dr Huet

帽子

d Grawattä

領帶

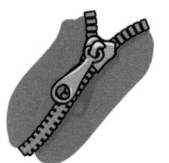

dr Riissverschluss

拉鍊

dr Helm

安全帽

dr Hosäträger

背帶

d Schueluniform

校服

d Uniform

制服

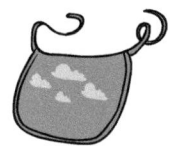

s Lätzli
圍兜

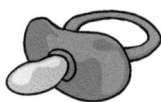

dr Nuggi
安撫奶嘴

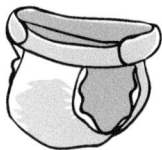

d Windle
尿布

s Büro
辦公室

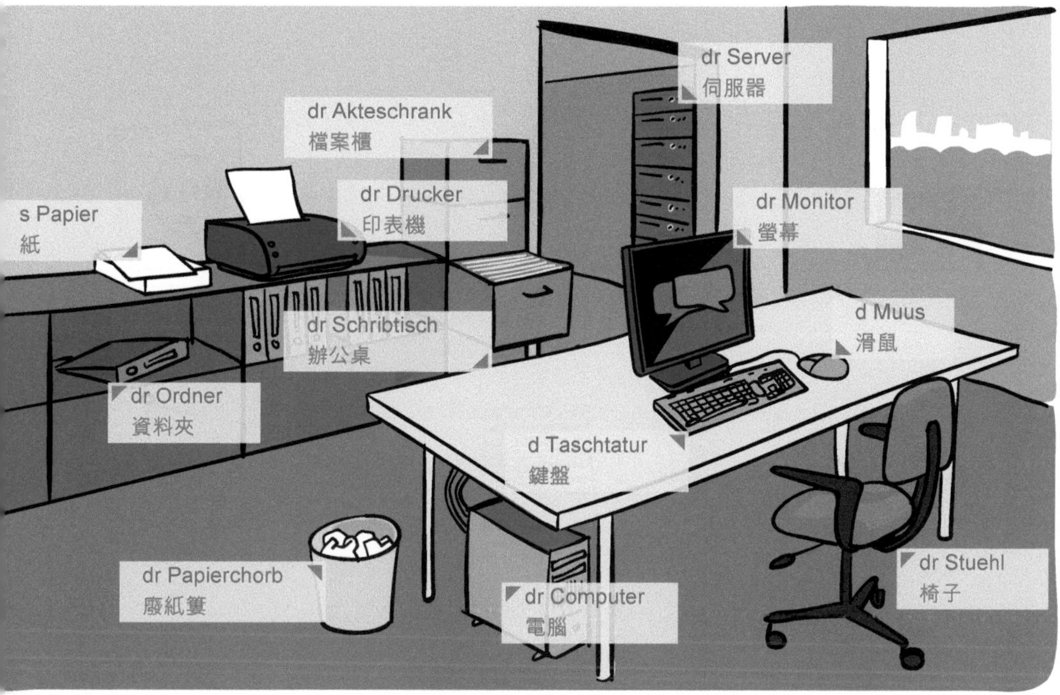
dr Server
伺服器
dr Akteschrank
檔案櫃
dr Drucker
印表機
s Papier
紙
dr Monitor
螢幕
d Muus
滑鼠
dr Schribtisch
辦公桌
dr Ordner
資料夾
d Taschtatur
鍵盤
dr Papierchorb
廢紙簍
dr Computer
電腦
dr Stuehl
椅子

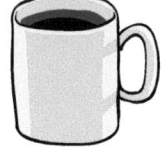

dr Kafibächer
咖啡杯

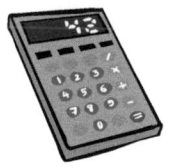

dr Tascherächner
計算機

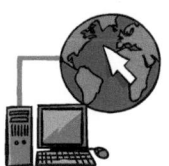

s Internet
網際網路

dr Laptop

筆記型電腦

dr Brief

信件

d Nochricht

簡訊

s Mobiltelefon

行動電話

s Netzwärk

網路

dr Kopierer

影印機

d Software

軟體

s Telefon

電話

d Steckdosä

插座

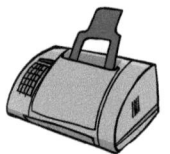

s Fax

傳真機

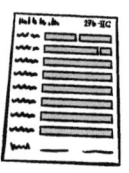

s Formular

表格

s Dokumänt

檔案

chaufe

買

zahle

付錢

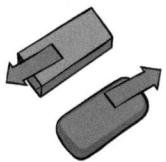

handle

交易

s Gäld

現金

dr Dollar

美元

dr Euro

歐元

dr Yen

日元

dr Rubel

盧布

dr Frankä

瑞士法郎

dr Renminbi Yuan

人民幣

d Rupie

盧比

dr Gäldautomat

提款處

d Wächselstube

外幣兌換處

s Gold

金

s Silber

銀

s Öl

石油

d Energie

能源

dr Preis

價格

dr Vertrag

合約

d Stüür

稅金

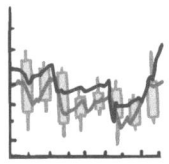

d Aktie

股票

schaffe

工作

dr Mitarbeiter

職員

dr Arbeitgeber

老闆

d Fabrik

工廠

s Gschäft

商店

d Brüef
職業

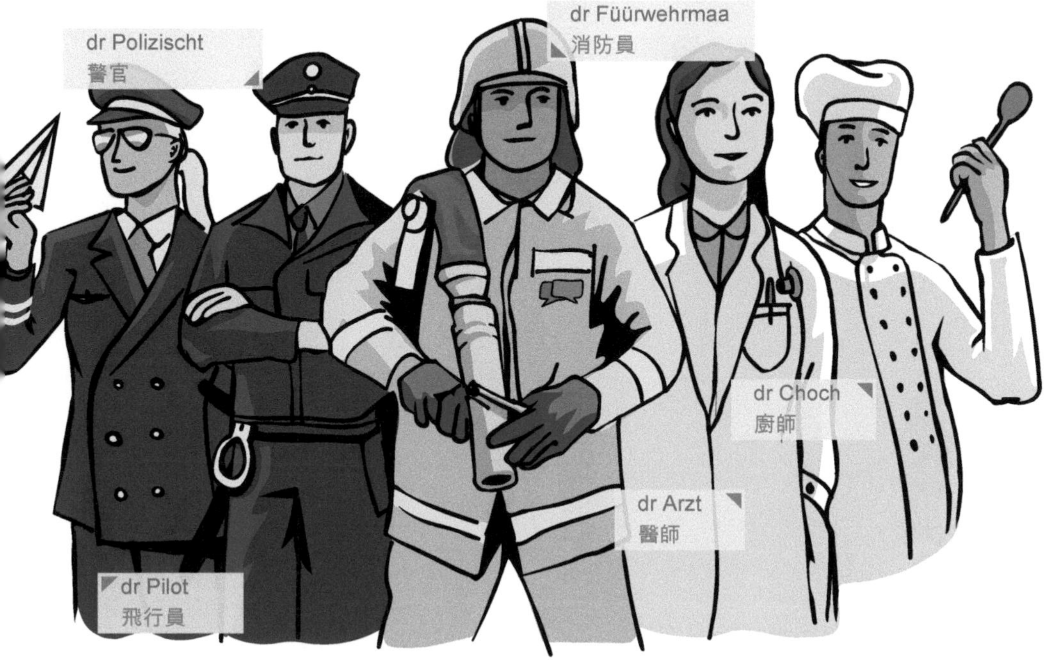
dr Polizischt
警官
dr Füürwehrmaa
消防員
dr Choch
廚師
dr Arzt
醫師
dr Pilot
飛行員

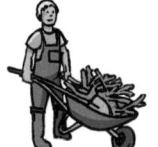

dr Gärtner

園丁

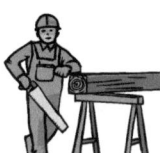

dr Zimmermah

木匠

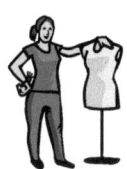

d Näheri

裁縫

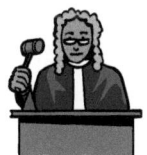

dr Richter

法官

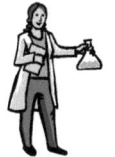

dr Chemiker

化學家

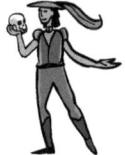

dr Darsteller

演員

dr Busfahrer

公車司機

dr Taxifahrer

計程車司機

dr Fischer

漁夫

d Putzfrau

清洗女工

dr Dachdecker

屋頂工

dr Chällner

服務生

dr Jäger

獵人

dr Moler

畫家

dr Bäcker

麵包師

dr Elektriker

電工

dr Bauarbeiter

建築工人

dr Ingenieur

工程師

dr Schlachter

屠夫

dr Klämpner

水管工

dr Pöschtler

郵差

dr Soldat

士兵

dr Architekt

建築師

dr Kassierer

收銀員

dr Florischt

花農

dr Frisör

理髮師

dr Kontrolleur

售票員

dr Mechaniker

機械技師

dr Kapitän

船長

dr Zahnarzt

牙醫

dr Wüsseschaftler

科學家

dr Rabbi

拉比

dr Imam

伊瑪目

dr Mönch

和尚

dr Pfarrer

牧師

d Werkzüüg

工具

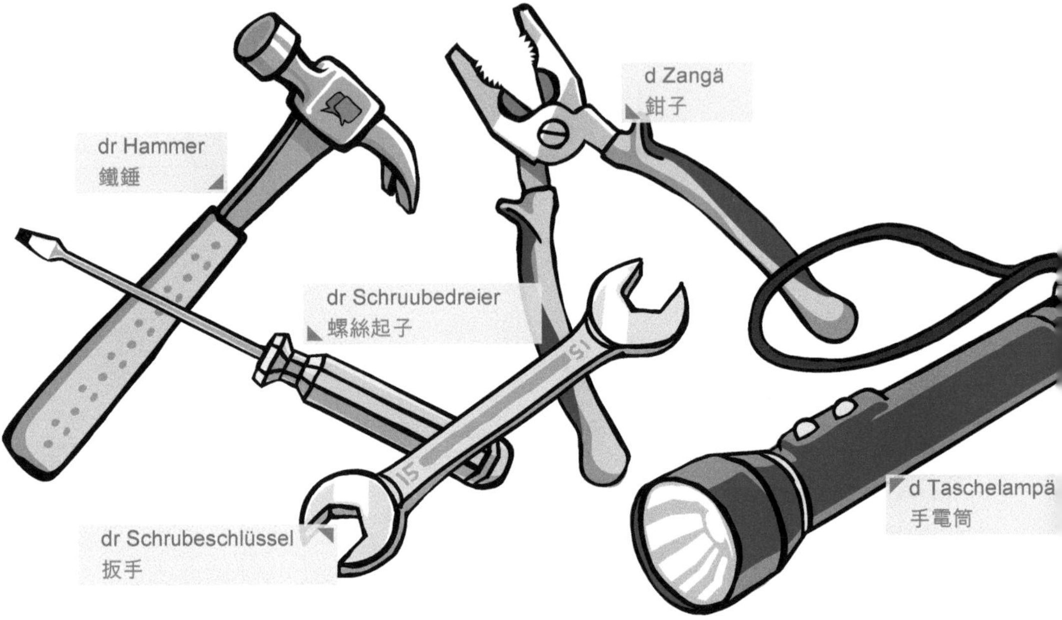

d Zangä
鉗子
dr Hammer
鐵錘
dr Schruubedreier
螺絲起子
dr Schrubeschlüssel
扳手
d Taschelampä
手電筒

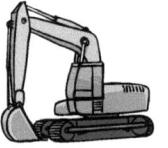

dr Bagger

挖掘機

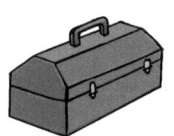

dr Werkzüügchaschte

工具箱

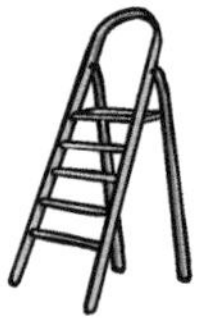

d Leitere

梯子

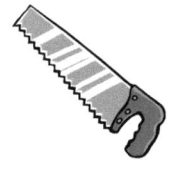

d Sagi

鋸子

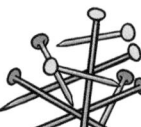

d Negel

釘子

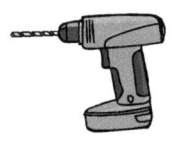

dr Bohrer

鑽機

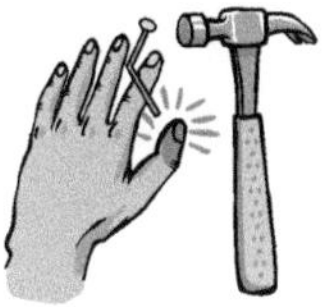

flicke

修

d Schufle

鏟子

Mischt!

糟糕！

d Ascheschufle

畚箕

dr Farbchübel

油漆桶

d Schruube

螺絲

d Musiginstrumänt

樂器

dr Luutsprächer
揚聲器

s Schlagzüüg
打擊樂器

d Gitarre
吉他

dr Kontrabass
低音提琴

d Trompetä
小號

s Klavier

鋼琴

d Violine

小提琴

dr Bass

貝斯

d Pauke

定音鼓

d Trummle

鼓

s Keyboard

電子琴

s Saxophon

薩克斯風

d Flöte

長笛

s Mikrofon

麥克風

dr Zolli

動物園

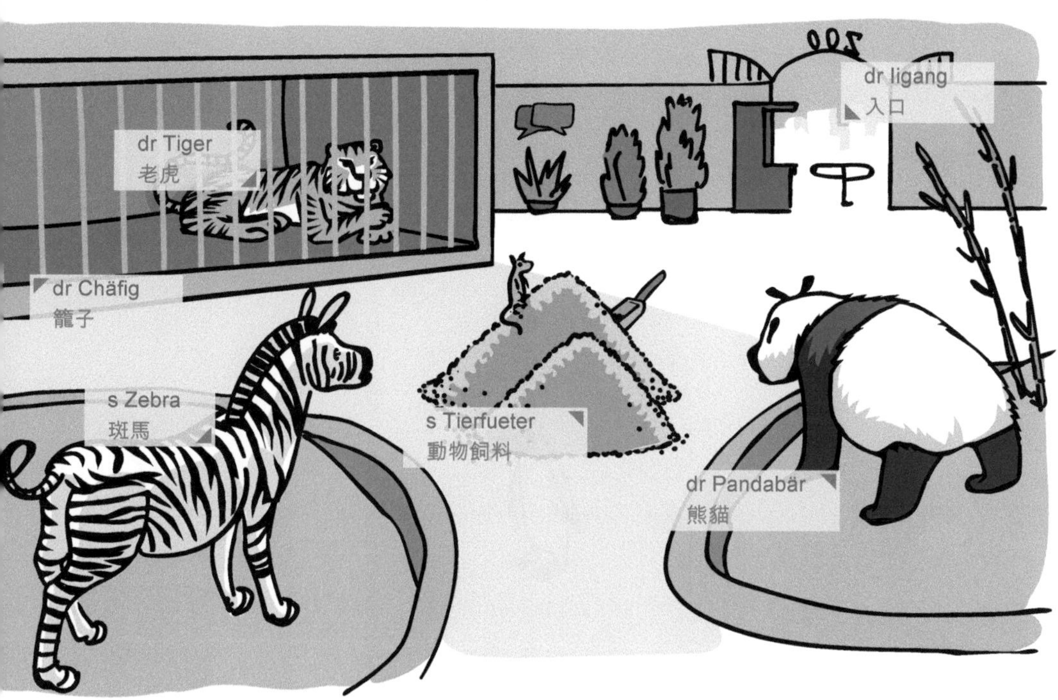
dr Iigang
入口
dr Tiger
老虎
dr Chäfig
籠子
s Zebra
斑馬
s Tierfueter
動物飼料
dr Pandabär
熊貓

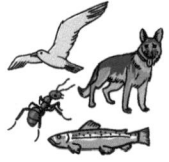

d Tier

動物

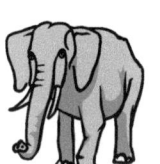

dr Elefant

大象

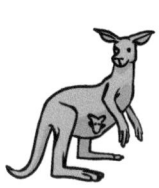

s Känguru

袋鼠

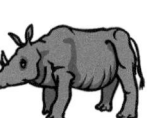

s Nashorn

犀牛

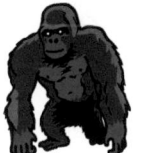

dr Gorilla

大猩猩

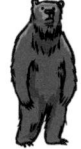

dr Bär

熊

s Kamel

駱駝

dr Struss

鴕鳥

dr Leu

獅子

dr Aff

猴子

dr Flamingo

紅鶴

dr Papagei

鸚鵡

dr Iisbär

北極熊

dr Pinguin

企鵝

dr Hai

鯊魚

dr Pfau

孔雀

d Schlangä

蛇

s Krokodil

鱷魚

dr Zoowärter

動物園管理員

d Robbä

海豹

dr Jaguar

美洲豹

s Pony

矮種馬

dr Leopard

豹

s Nilpfärd

河馬

d Giraff

長頸鹿

dr Adler

老鷹

s Wildschwein

野豬

dr Fisch

魚

d Schildkrot

龜

s Walross

海象

dr Fuchs

狐狸

d Gazelle

羚羊

s American Football
橄欖球

s Velofahre
騎腳踏車

s Tennis
網球

dr Basketball
籃球

s Schwümmä
游泳

s Boxä
拳擊

s lishockey
冰球

dr Fuessball
....
美式足球

s Badminton
....
羽毛球

d Liechtathletik
....
田徑

dr Handball
....
手球

s Skifahre
....
滑雪

s Polo
....
馬球

springä
跳

lachä
笑

umarme
擁抱

gah
走路

singe
唱

troime
做夢

bätte
祈禱

küssä
親吻

schribe
書寫

zeichne
畫

zeige
展示

schiebe
推

gäh
給

näh
拿

händ

有

mache

做

sy

當

stah

站

laufe

跑

zieh

拉

rüerä

丟

fallä

摔倒

ligge

躺

warte

等待

träge

攜帶

sitze

坐

ahzieh

穿衣

schlafe

睡覺

ufwache

醒來

ahluege

看

brüele

哭

striichle

擊

bürste

梳頭

redä

交談

verschtah

明白

froog

問

lose

聽

trinke

喝

ässe

吃

ufruume

清理

liebe

愛

chochä

做飯

fahre

開車

flüge

飛

segle

航行

rächne

計算

läse

讀

leerä

學習

schaffe

工作

hürate

結婚

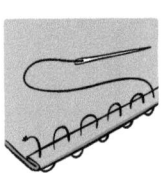

näije

縫

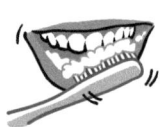

Zäh putze

刷牙

töte

殺

schlootä

抽菸

sände

寄

d Familiä

家

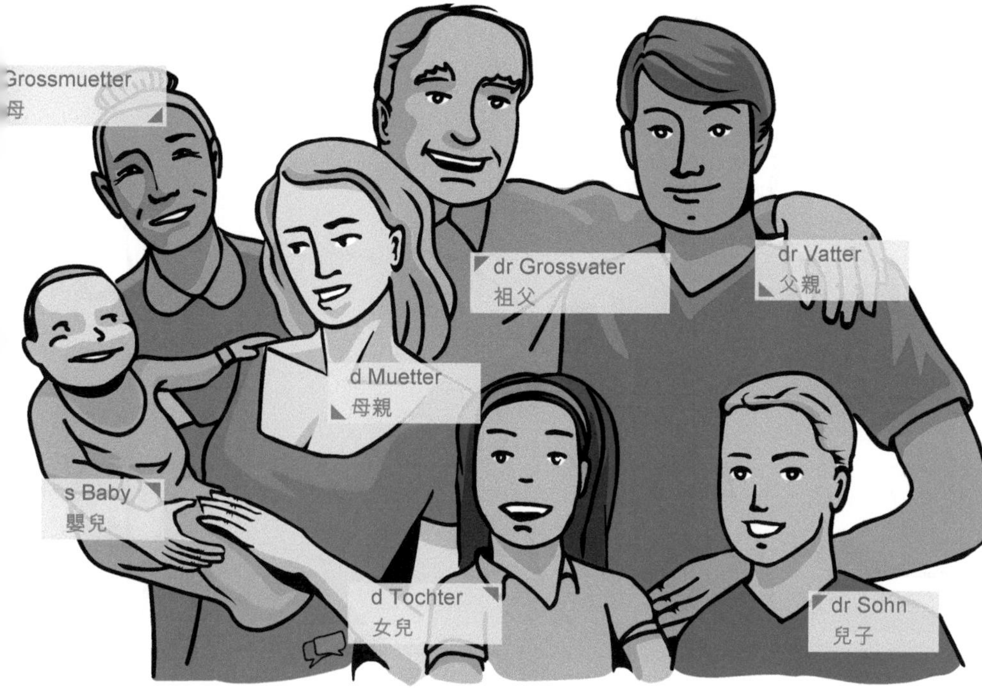

rossmuetter
母
dr Grossvater
祖父
dr Vatter
父親
d Muetter
母親
s Baby
嬰兒
d Tochter
女兒
dr Sohn
兒子

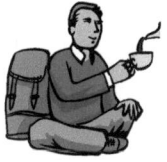

dr Gast

客人

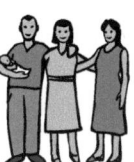

d Tante

阿姨

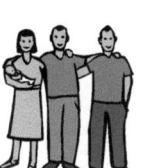

dr Unkel

叔叔

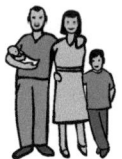

dr Brüeder

兄弟

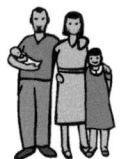

d Schwöschter

姐妹

d Stirn
前額

ds Aug
眼睛

d Schultere
肩膀

dr Fingär
手指

s Gsicht
臉

s Chüni
下巴

d Hand
手

s Bruscht
乳房

s Bei
腿

dr Arm
手臂

d Bruscht
乳房

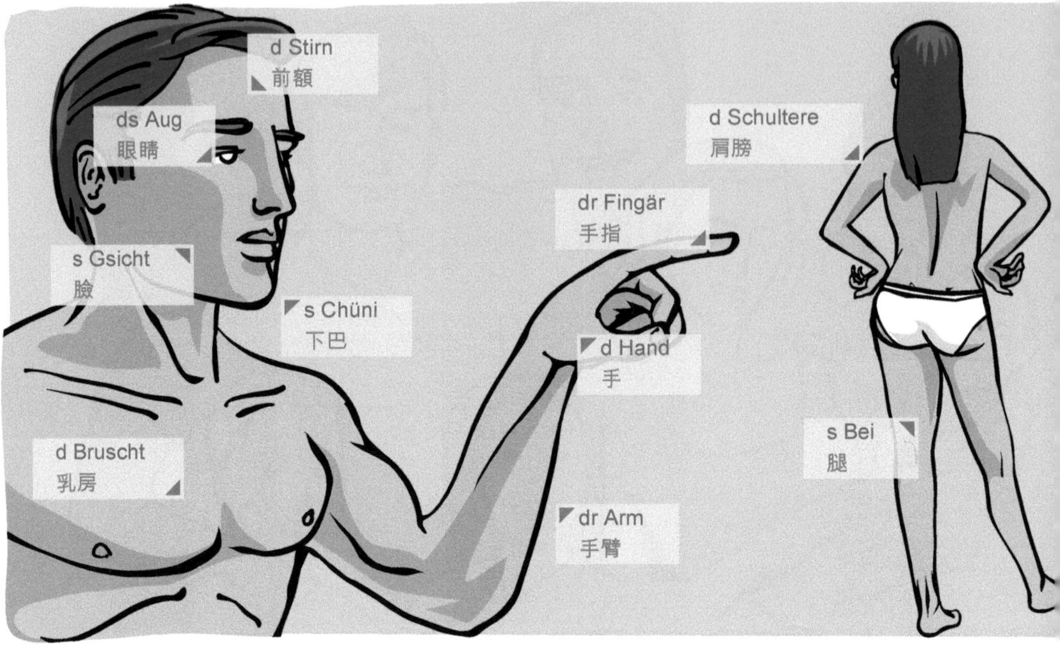

s Baby
嬰兒

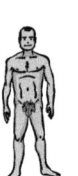

dr Mah
男人

d Frau
女人

s Meitli
女孩

dr Bueb
男孩

dr Chopf
頭

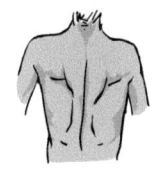

dr Ruggä

背部

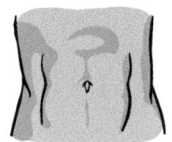

dr Buuch

肚子

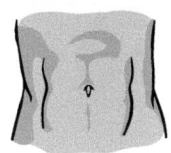

dr Buchnabel

肚臍

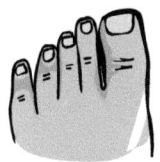

dr Zäche

腳趾

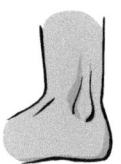

d Fersä

腳後跟

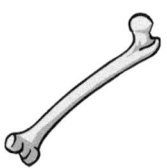

d Knoche

骨頭

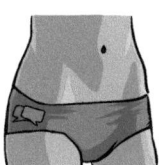

d Hüfte

臀部

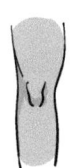

s Chnü

膝蓋

dr Ellbogä

手肘

d Nase

鼻子

s Füdli

屁股

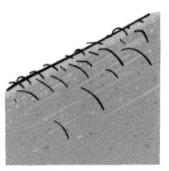

d Hut

皮膚

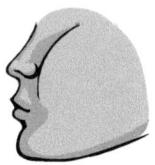

d Bagge

臉頰

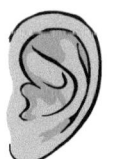

s Ohr

耳朵

d Lippe

嘴唇

s Muul

嘴

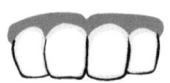

dr Zah

牙齒

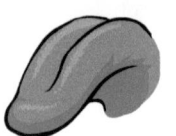

d Zungä

舌頭

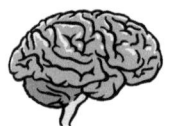

s Hirni

腦

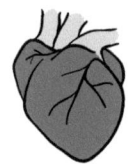

s Härz

心臟

dr Muskel

肌肉

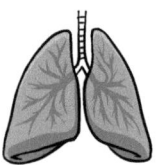

d Lungä

肺

d Läberä

肝臟

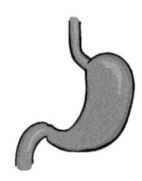

dr Magen

胃

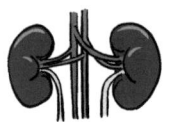

d Nierä

腎臟

dr Gschlächtsvrkehr

性交

s Kondom

保險套

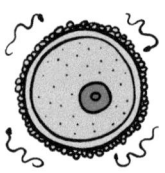

d Eizälle

卵子

dr Soome

精子

d Schwangerschaft

懷孕

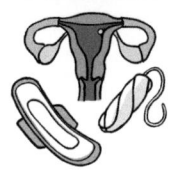

d Menstruation

月事

d Vagina

陰道

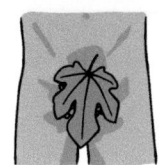

dr Penis

陰莖

d Augebrauä

眉毛

s Haar

頭髮

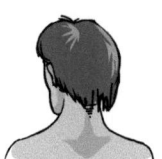

dr Hals

脖子

s Spital
醫院

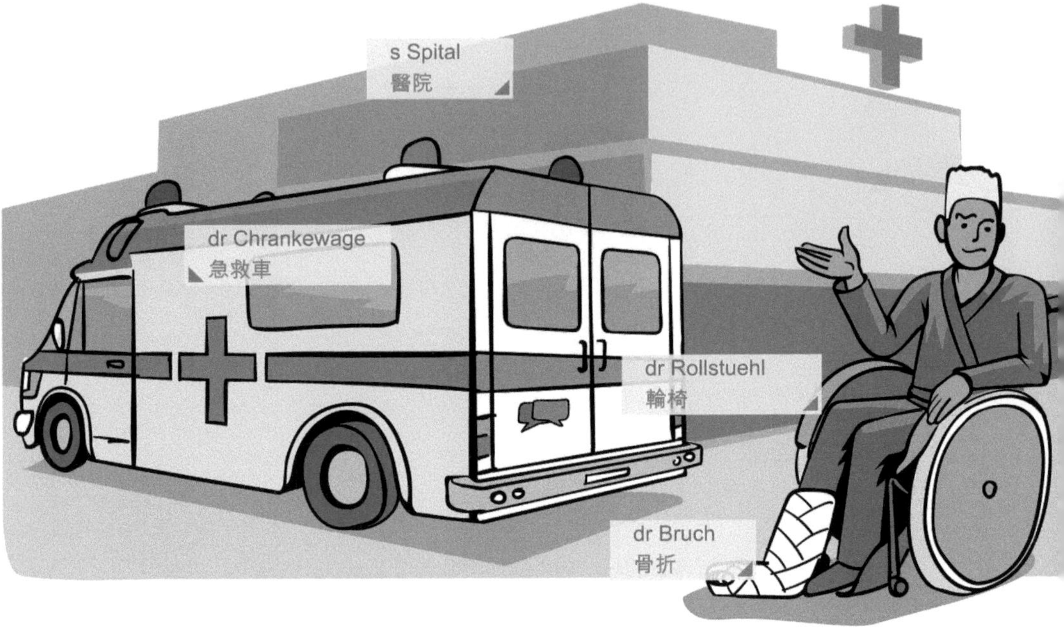

s Spital
醫院
dr Chrankewage
急救車
dr Rollstuehl
輪椅
dr Bruch
骨折

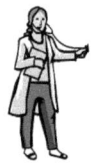

dr Arzt
醫師

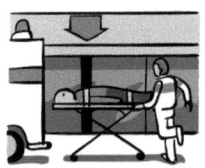

d Notufnahm
急診室

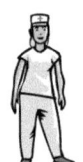

d Chrankeschwöschter
護理師

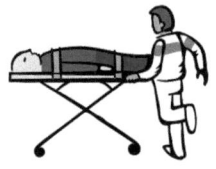

dr Notfall
緊急情形

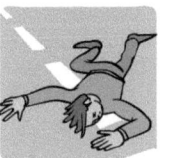

ohnmächtig
昏迷

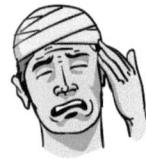

dr Schmärz
痛

d Verletzig

受傷

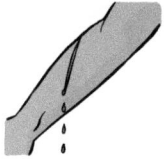

d Bluätig

出血

dr Härzinfarkt

心臟病發作

dr Schlagahfall

中風

d Allergie

過敏

dr Hueschtä

咳嗽

s Fieber

發燒

d Grippe

流感

dr Durchfall

腹瀉

d Kopfschmärze

頭痛

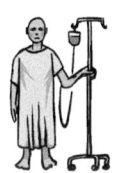

dr Kräbs

癌症

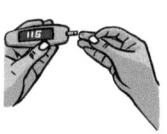

dr Diabetes

糖尿病

dr Chirurg

外科醫師

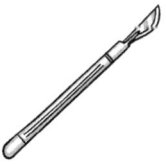

s Skalpell

手術刀

d Operation

手術

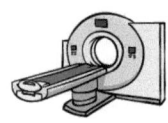

s CT

電腦斷層掃描

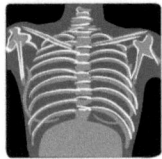

s Röntgä

X光

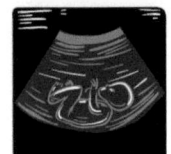

s Ultraschall

超音波

d Gsichtsmaske

口罩

d Krankhet

疾病

s Wartezimmer

候診室

d Krückä

拐杖

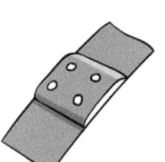

s Pflaster

石膏

dr Vrband

繃帶

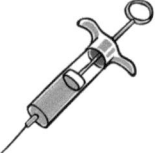

d Injektion

注射

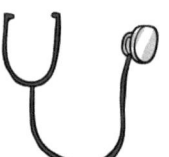

s Stethoskop

聽診器

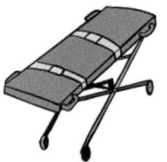

d Trage

擔架

s Thermometer

體溫計

d Geburt

出生

s Übergwicht

超重

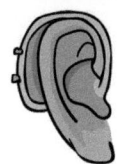

s Hörgrät

助聽器

s Desinfektionsmittel

消毒液

d Infektion

感染

s Virus

病毒

s HIV / AIDS

愛滋病

d Medizin

藥物

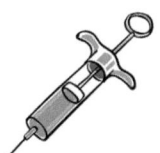

d Impfig

接種疫苗

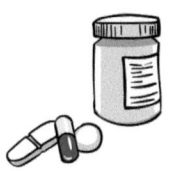

d Tablette

藥片

d Pille

藥丸

dr Notruef

急救電話

s Bluetdruck-Mässgrät

血壓計

chrank / gsund

生病/健康

Hiufe!

救命！

dr Alarm

警報

dr Überfall

突擊

dr Ahgriff

攻擊

d Gfohr

危險

dr Notuusgang

緊急出口

Füür!

失火了！

dr Füürlöscher

滅火器

dr Unfall

意外

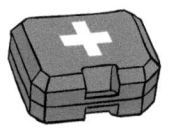

dr Ersti-Hilf-Koffer

急救箱

SOS

呼救訊號

d Polizei

員警

s Europa

歐洲

s Nordamerika

北美洲

s Südamerika

南美洲

s Afrika

非洲

s Asie

亞洲

s Auschtralie

澳洲

dr Atlantik

大西洋

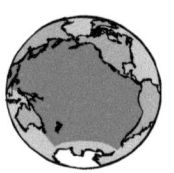

dr Pazifik

太平洋

dr Indische Ozean

印度洋

dr Antarktische Ozean

南冰洋

dr Arktische Ozean

北冰洋

dr Nordpol

北極

dr Südpol

南極

d Antarktis

南極洲

d Ärde

地球

s Land

陸地

s Meer

海

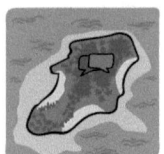

d Inslä

島

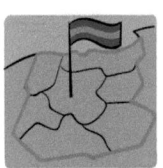

d Nation

國家

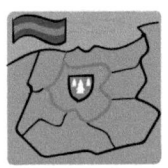

dr Staat

州

s Ziffereblatt

錶盤

dr Stundezeiger

時針

dr Minutezeiger

分針

dr Sekundezeiger

秒針

Wie spaht isch es?

現在幾點？

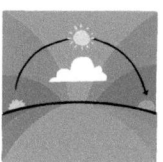

dr Tag

天

d Zit

時間

jetzt

現在

d Digitaluhr

電子錶

d Minute

分

d Stunde

時

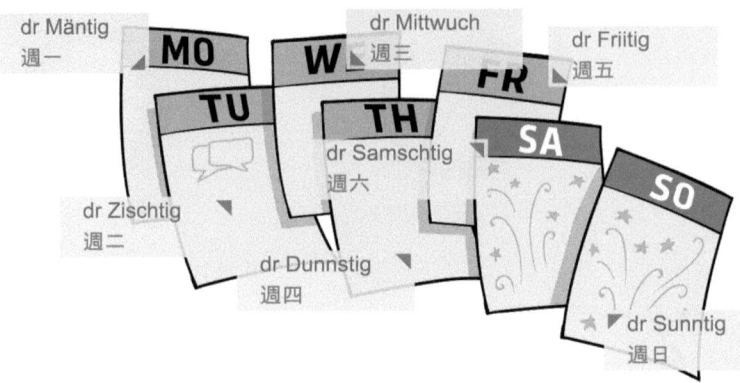

dr Mäntig
週一

dr Mittwuch
週三

dr Friitig
週五

dr Zischtig
週二

dr Samschtig
週六

dr Dunnstig
週四

dr Sunntig
週日

geschter

昨天

hüt

今天

morn

明天

dr Morgä

早晨

dr Mittag

中午

dr Aabig

晚上

MO	TU	WE	TH	FR	SA	SU
1	2	3	4	5	6	7
8	9	10	11	12	13	14
15	16	17	18	19	20	21
22	23	24	25	26	27	28
29	30	31	1	2	3	4

d Wärktag

工作日

MO	TU	WE	TH	FR	SA	SU
1	2	3	4	5	6	7
8	9	10	11	12	13	14
15	16	17	18	19	20	21
22	23	24	25	26	27	28
29	30	31	1	2	3	4

s Wuchenänd

週末

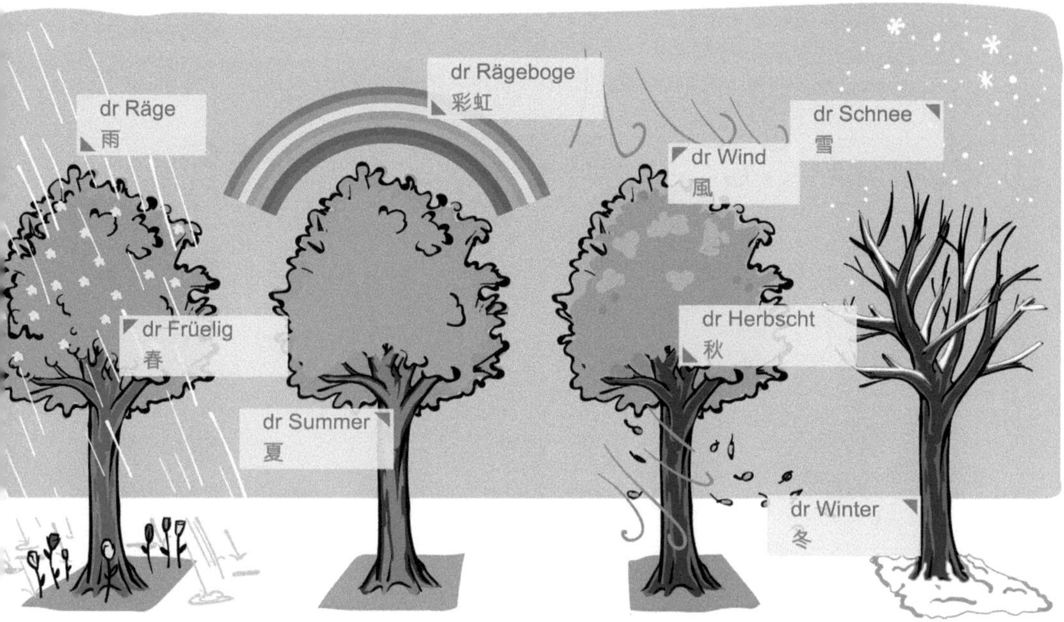

dr Räge
雨

dr Rägeboge
彩虹

dr Wind
風

dr Schnee
雪

dr Früelig
春

dr Herbscht
秋

dr Summer
夏

dr Winter
冬

d Wättervorhärsag

天氣預告

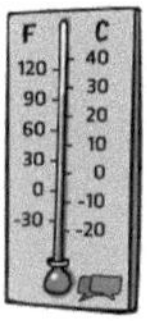

s Thermometer

溫度計

dr Sunneschiin

陽光

d Wolkä

雲

d Näbel

霧

d Fiechtigkeit

潮濕

dr Blitz

閃電

dr Dunner

打雷

dr Sturm

風暴

d Hagel

冰雹

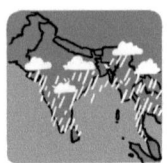

dr Monsun

季風

d Fluet

洪水

s Iis

冰

dr Januar

一月

dr Februar

二月

dr März

三月

dr April

四月

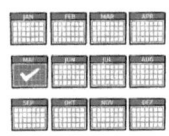

dr Mai

五月

dr Juni

六月

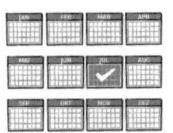

dr Juli

七月

dr Auguscht

八月

82   **s Johr - 年**

dr Septämber
....
九月

dr Oktober
....
十月

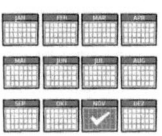

dr Novämber
....
十一月

dr Dezämber
....
十二月

d Forme
形狀

dr Kreis
....
圓形

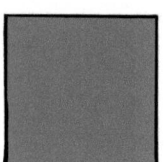

s Quadrat
....
正方形

s Rächteck
....
長方形

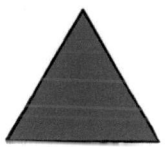

s Dreieck
....
三角形

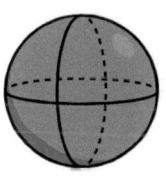

d Chugele
....
球體

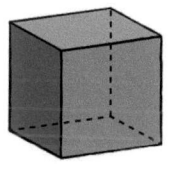

dr Würfel
....
立方體

d Farbä

顔色

wiss

白

gäl

黃

orange

橙

pink

粉

rot

紅

liila

紫

blau

藍

grüen

綠

bruun

棕

grau

灰

schwarz

黑

viel / wenig

很多/少許

hässig / ruhig

生氣/平靜

hübsch / hässlich

美/醜

dr Ahfang / s Ändi

首/尾

gross / chli

大/小

hell / dunkel

明/暗

Brüeder / d Schwöschter

兄弟/姐妹

suuber / dräckig

乾淨/骯髒

vollständig / unvollständig

完整/缺失

dr Tag / d Nacht

白天/晚上

tot / läbig

死/生

breit / schmal

寬/窄

ässbar / nid ässbar

可食用/非食用

bös / fründlich

邪惡/善良

uffreggt / glangwilt

興奮/無聊

dick / dünn

胖/瘦

zerscht / zletscht

第一/最後

dr Fründ / dr Find

朋友/敵人

voll / läär

滿/空

hart / weich

硬/軟

schwer / liecht

重/輕

dr Hunger / dr Durscht

餓/渴

chrank / gsund

生病/健康

illegal / legal

非法/合法

intelligänt / gatz

聰明/愚笨

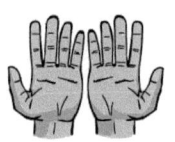

links / rächts

左/右

nöch / wiit weg

近/遠

neu / bruucht

新/舊

nüt / öpis

沒有/有些

alt / jung

老/幼

ah / uss

開/關

offe / zue

打開/闔上

lislig / luut

安靜/吵鬧

riich / arm

富/窮

richtig / falsch

對/錯

rau / glatt

粗糙/光滑

truurig / glücklich

傷心/高興

churz / lang

短/長

langsam / schnäll

慢/快

nass / trochä

濕/乾

warm / chalt

溫暖/涼爽

dr Chrieg / dr Friede

戰爭/和平

0

Null

零

1

eis

一

2

zwei

二

3

drü

三

4

vier

四

5

foif

五

6

sächs

六

7

sibe

七

8

acht

八

9

nün

九

10

zäh

十

11

elf

十一

12
zwölf

十二

13
drizäh

十三

14
vierzäh

十四

15
füfzäh

十五

16
sächzäh

十六

17
siebzäh

十七

18
achtzäh

十八

19
nünzäh

十九

20
zwänzg

二十

100
Hundert

百

1.000
Tuusig

千

1.000.000
Million

百萬

Änglisch

英語

Amerikanischs Änglisch

美式英語

Chinesisch Mandarin

普通話

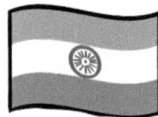

Hindi

印地語

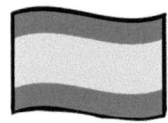

Spanisch

西班牙語

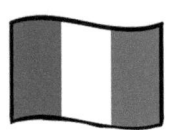

Französisch

法語

Arabisch

阿拉伯語

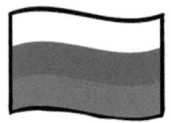

Russisch

俄語

Portugiesisch

葡萄牙語

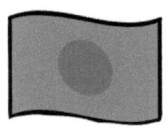

Bengalisch

孟加拉語

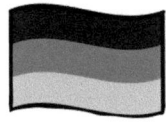

Dütsch

德語

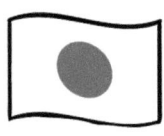

Japanisch

日語

ich

我

du

你

är / sie / es

他/她/它

mir

我們

ihr

你們

sie

他們

wär?

誰？

was?

什麼？

wie?

如何？

wo?

何處？

wänn?

何時？

Name

名字

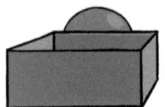

hinder

後面

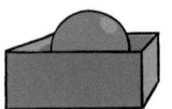

in

裡面

vor

前面

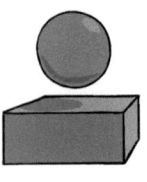

über

上方

uf

上面

under

下麵

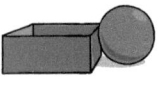

näbe

旁邊

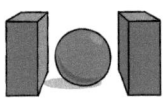

zwüsche

中間

dr Ort

地點